經典
少年遊

008

### 資治通鑑

# 帝王的教科書

## Comprehensive Mirror for Aid in Government
### The Guidance for Emperors

繪本

故事◎子魚
繪圖◎傅馨逸

北宋歷史學家司馬光，
不僅對歷史很有興趣，
還把中國古代許多歷史資料整理出來，
寫成《資治通鑑》。
他希望這本書可以幫助皇帝從歷史經驗裡
學習到治理國家的好方法。

3

《資ㄗ治ㄓˋ通ㄊㄨㄥ鑑ㄐㄧㄢˋ》中ㄓㄨㄥ的ㄉㄜ˙貞ㄓㄣ觀ㄍㄨㄢ之ㄓ治ㄓˋ，就ㄐㄧㄡˋ是ㄕˋ一ㄧ個ㄍㄜ˙好ㄏㄠˇ皇ㄏㄨㄤˊ帝ㄉㄧˋ的ㄉㄜ˙範ㄈㄢˋ本ㄅㄣˇ。 唐ㄊㄤˊ朝ㄔㄠˊ建ㄐㄧㄢˋ立ㄌㄧˋ的ㄉㄜ˙時ㄕˊ候ㄏㄡˋ， 開ㄎㄞ國ㄍㄨㄛˊ皇ㄏㄨㄤˊ帝ㄉㄧˋ李ㄌㄧˇ淵ㄩㄢ的ㄉㄜ˙兒ㄦˊ子ㄗ˙秦ㄑㄧㄣˊ王ㄨㄤˊ李ㄌㄧˇ世ㄕˋ民ㄇㄧㄣˊ率ㄕㄨㄞˋ領ㄌㄧㄥˇ軍ㄐㄩㄣ隊ㄉㄨㄟˋ掃ㄙㄠˇ滅ㄇㄧㄝˋ群ㄑㄩㄣˊ雄ㄒㄩㄥˊ， 大ㄉㄚˋ唐ㄊㄤˊ帝ㄉㄧˋ國ㄍㄨㄛˊ的ㄉㄜ˙江ㄐㄧㄤ山ㄕㄢ， 可ㄎㄜˇ以ㄧˇ說ㄕㄨㄛ是ㄕˋ李ㄌㄧˇ世ㄕˋ民ㄇㄧㄣˊ打ㄉㄚˇ下ㄒㄧㄚˋ來ㄌㄞˊ的ㄉㄜ˙。 李ㄌㄧˇ淵ㄩㄢ想ㄒㄧㄤˇ立ㄌㄧˋ李ㄌㄧˇ世ㄕˋ民ㄇㄧㄣˊ為ㄨㄟˊ太ㄊㄞˋ子ㄗˇ， 但ㄉㄢˋ李ㄌㄧˇ世ㄕˋ民ㄇㄧㄣˊ再ㄗㄞˋ三ㄙㄢ拜ㄅㄞˋ謝ㄒㄧㄝˋ推ㄊㄨㄟ辭ㄘˊ， 請ㄑㄧㄥˇ求ㄑㄧㄡˊ父ㄈㄨˋ親ㄑㄧㄣ立ㄌㄧˋ長ㄓㄤˇ子ㄗˇ李ㄌㄧˇ建ㄐㄧㄢˋ成ㄔㄥˊ為ㄨㄟˊ太ㄊㄞˋ子ㄗˇ。

哥哥李建成對功高蓋世的李世民
起了忌妒心，
一心一意想要除掉李世民。
他聯合另一個弟弟李元吉，
巴結皇帝最寵愛的妃子張婕妤，
她在李淵身邊說盡李世民的壞話，
讓李淵漸漸疏離李世民。

8

太子李建成急著要除掉李世民，
他擺宴席邀請李世民，
並在酒裡下毒。
李世民喝了不少酒，
突然心臟絞痛，面如死白，
吐了大量的鮮血。
李世民命大竟然沒有被毒死。

9

太子李建成一直害不死李世民，他決定將秦王府的武將尉遲敬德，謀士房玄齡、杜如晦、長孫無忌，挖角到自己的府裡來。太子以大量的金錢收買，但是他們都不為所動。

太子李建成三番兩次意圖謀害李世民，
秦王府的人很不滿，
紛紛勸李世民採取行動，
但李世民念及兄弟之情，
不願意這麼做。
秦王府尉遲敬德、房玄齡、杜如晦、
長孫無忌紛紛求去，
弄得李世民沒辦法。

李世民帶領尉遲敬德等人，
埋伏在玄武門。
太子李建成、齊王李元吉
騎馬經過玄武門時中了埋伏。
李世民一箭射穿李建成，
李元吉死在尉遲敬德刀下。
這個事件稱為「玄武門之變」。

15

唐高祖李淵於是把皇帝的位子傳給李世民，自己退位為太上皇。李世民當上皇帝，即為唐太宗，年號貞觀。

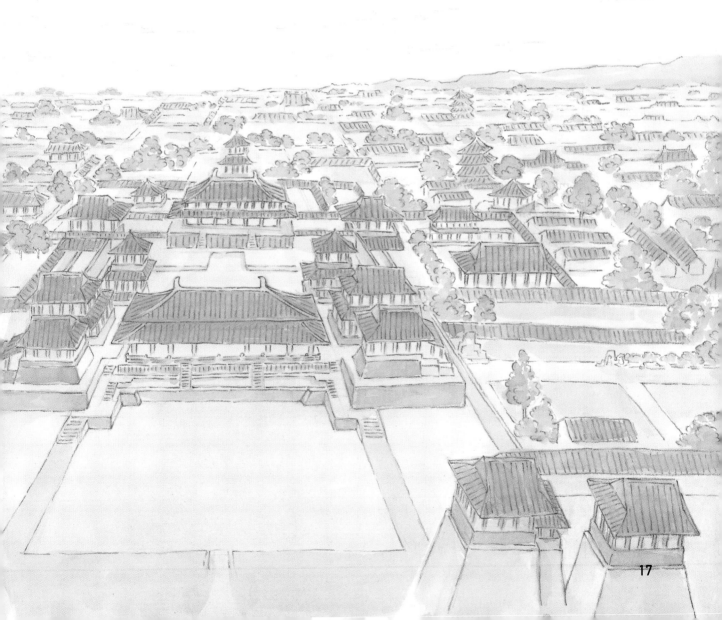

唐太宗即位後，辦了一個盛大宴會招待群臣，宴會中演奏雄壯的「秦王破陣樂」，歌誦唐太宗以往南征北討的功績。唐太宗說：「現在天下太平了，我不能再用武力治理天下。」於是命令宮廷樂師換曲子，顯示他想要創造穩定的環境，以照顧百姓的意念。

19

唐太宗身邊有許多賢臣，
魏徵是其中很重要的一名。
魏徵原本是太子李建成身邊的人，
他曾經表明，
就是因為太子不聽他的建議，
才讓唐太宗有機會除去太子。
唐太宗因此非常欣賞魏徵，
把他留在自己身邊輔佐。

20

有一天，唐太宗想規定
十七歲的男子也要當兵，
他命令魏徵去辦理。魏徵根本不理，
唐太宗大怒，責問魏徵竟敢抗旨。
魏徵說：「不是說不可濫用人力嗎？
十七歲的男子也去當兵，
那誰來種田、繳稅呢？」
唐太宗撤銷命令。

魏徵敢於進諫，使得唐太宗都有點怕他。有次唐太宗得到一隻小鷹，見到魏徵過來，他怕魏徵又要指責他，將小鷹藏到懷裡。魏徵裝作沒看到，卻故意嘮嘮叨叨。等到魏徵離開後，唐太宗才取出小鷹，但小鷹已經悶死了。

25

有一次罷朝之後，
唐太宗氣得對長孫皇后說：
「我一定要殺了那個鄉巴佬！」
皇后問是誰？唐太宗指魏徵。
長孫皇后立刻換上正式的朝服，
跪在皇上面前說：
「聽說皇帝清明，臣子才敢忠言，
有魏徵這樣的忠臣，可見皇上是明君。」
唐太宗因而不再生氣。

不僅懂得賞識魏徵， 唐太宗也能從細微末節發掘人才。 有一次武將常何寫奏摺給唐太宗。 唐太宗看了奏摺上的建議， 覺得很有道理。 卻想到：「常何只會打仗， 根本不認識字， 怎麼會寫奏摺？」追問之下， 原來是常何的手下馬周代筆寫的。 唐太宗立刻任用馬周當官。

除了善用人才，唐太宗也非常謙虛，懂得接納臣子的建議。當時唐太宗想任命李緯當尚書，而宰相房玄齡人在京城。有官員正好從京城來晉見唐太宗，太宗想知道房玄齡對於李緯當尚書的意見，便問了官員。

官員回答說：

「房玄齡只說李緯的鬍子很漂亮。」

唐太宗聽了，

馬上就明白房玄齡的意思，

知道宰相認為李緯只會做表面工夫，

實際上不會做事，

於是立刻免去李緯尚書的職務。

32

有謀略，又有賢臣，更重要的是，唐太宗還有一顆愛護百姓的心。有一年，關中鬧蝗災，蝗蟲吃掉稻穀，人民陷入饑荒，唐太宗很難過。

他在皇宮看到幾隻蝗蟲，
隨手抓來，對天禱告：
「天啊！蝗蟲吃掉人民賴以維生的穀物；
不如讓蝗蟲吃我的腸胃，不要去吃穀子。」
說完，就往嘴裡塞。
左右臣子都來不及勸阻。

37

唐太宗臨朝二十三年，十分重視農業，安定人民，任用賢才，又能廣聽諫言。他讓政治清明，抵禦突厥侵犯，又能注重文化。唐太宗開創了中國最輝煌的時代，史稱「貞觀之治」。

　　《資ㄗ治ㄓ通ㄊㄨㄥ鑑ㄐㄧㄢ》裡ㄌㄧˇ不ㄅㄨˋ僅ㄐㄧㄣˇ僅ㄐㄧㄣˇ介ㄐㄧㄝˋ紹ㄕㄠˋ了ㄌㄜ˙古ㄍㄨˇ代ㄉㄞˋ明ㄇㄧㄥˊ君ㄐㄩㄣ賢ㄒㄧㄢˊ臣ㄔㄣˊ的ㄉㄜ˙故ㄍㄨˋ事ㄕˋ，以ㄧˇ及ㄐㄧˊ這ㄓㄜˋ些ㄒㄧㄝ帝ㄉㄧˋ王ㄨㄤˊ將ㄐㄧㄤ相ㄒㄧㄤˋ的ㄉㄜ˙政ㄓㄥˋ策ㄘㄜˋ事ㄕˋ蹟ㄐㄧ，也ㄧㄝˇ介ㄐㄧㄝˋ紹ㄕㄠˋ了ㄌㄜ˙許ㄒㄩˇ多ㄉㄨㄛ因ㄧㄣ為ㄨㄟˋ施ㄕ政ㄓㄥˋ不ㄅㄨˋ當ㄉㄤˋ、暴ㄅㄠˋ虐ㄋㄩㄝˋ無ㄨˊ道ㄉㄠˋ的ㄉㄜ˙皇ㄏㄨㄤˊ帝ㄉㄧˋ因ㄧㄣ此ㄘˇ亡ㄨㄤˊ國ㄍㄨㄛˊ的ㄉㄜ˙歷ㄌㄧˋ史ㄕˇ事ㄕˋ件ㄐㄧㄢˋ。《資ㄗ治ㄓ通ㄊㄨㄥ鑑ㄐㄧㄢ》因ㄧㄣ此ㄘˇ成ㄔㄥˊ為ㄨㄟˊ後ㄏㄡˋ代ㄉㄞˋ帝ㄉㄧˋ王ㄨㄤˊ執ㄓˊ政ㄓㄥˋ參ㄘㄢ考ㄎㄠˇ的ㄉㄜ˙教ㄐㄧㄠ科ㄎㄜ書ㄕㄨ，希ㄒㄧ望ㄨㄤˋ皇ㄏㄨㄤˊ帝ㄉㄧˋ與ㄩˇ臣ㄔㄣˊ子ㄗˇ都ㄉㄡ能ㄋㄥˊ從ㄘㄨㄥˊ中ㄓㄨㄥ學ㄒㄩㄝˊ得ㄉㄜˊ歷ㄌㄧˋ史ㄕˇ的ㄉㄜ˙教ㄐㄧㄠ訓ㄒㄩㄣˋ。

# 資治通鑑
# 帝王的教科書

讀本

原典解說◎子魚

《資治通鑑》簡稱《通鑑》，是一部由司馬光主持的史學巨著，與這本史書相關的人物又是哪些人呢？

TOP PHOTO

司馬光（1019 ~ 1086 年），字君實，北宋著名政治家、史學家。宋英宗年間，獲得帝王支持開始編纂《資治通鑑》，花費十五年的時間編成。內容從戰國至五代的後周為止，收錄了將近一千三百多年的歷史大事。

司馬光

相關的人物

范祖禹

范祖禹，字淳夫，北宋史學家。司馬光在編修《資治通鑑》時，請了范祖禹、劉攽、劉恕為助手協助編纂。范祖禹擅長唐史，主要負責唐至五代史。《資治通鑑》中的〈唐紀〉部分，就是范祖禹負責編纂，而由司馬光修訂完成。

劉恕，字道原，北宋官員、史學家。宋仁宗時期進士，因為博聞強記，擅長史學，成為司馬光編纂《資治通鑑》的班底，主要負責魏晉南北朝這個部分。他是司馬光編纂《資治通鑑》時很重要的副手，司馬光若遇到無法理解的問題，經常要詢問劉恕。

司馬康是司馬光的兒子，在編修《資治通鑑》時負責校訂文字。司馬光寫的家訓〈訓儉示康〉中的「康」，就是指他的兒子司馬康。這篇家訓的內容主要在提醒司馬康，不要跟隨潮流愛慕奢華，而是要過著簡約的生活。

宋英宗趙曙，是北宋第五個皇帝。他將司馬光編的史書命名為《資治通鑑》。「資治」意謂「有助於治理國政」，「通」意味著博通古今的「通史」，「鑑」有「以史借鏡」的意義，並且親自為此書寫了一篇序文。

胡三省原名滿孫，宋元之際著名的史學家。他以三十年的歲月，為《資治通鑑》一書進行注解，現在流傳的《資治通鑑》都附有胡三省的注釋。

劉攽，字貢父，北宋史學家，著有《彭城集》。他博覽群書，史學與詩學都很擅長，主要協助司馬光纂修兩漢史的部分。因此，〈漢紀〉的部分是由他負責，並由司馬光修訂。

# 司馬光除了是著名的史學家之外，同時也是北宋中期重要的政治家，他反對王安石的變法，是舊黨的代表人物。

**1019 年**

司馬光出生於宋真宗時期，由於父親司馬池擔任光州縣令，於是便取名為「光」。司馬光深受父親影響，幼時喜好讀書，常手不釋卷，對於《左傳》已能大致理解。

**出生**

**1038 年**

司馬光十九歲時進士及第，並出任華州地方官職。經由樞密副使龐籍的推薦，到首都汴京擔任館閣校勘的官職，之後龐籍遭到貶官，司馬光亦引咎辭職，離開并州。

**中進士**

**相關的時間**

**熙寧變法**

TOP PHOTO

**任命編史**

**1069 年**

宋神宗熙寧年間任用王安石（上圖）推行變法，史稱「熙寧變法」。王安石變法的主要政策是推行「青苗法」、「保甲法」、「保馬法」，而歐陽修、司馬光等重要大臣，卻極力反對變法。

**1066 年**

司馬光認為歷代史書過於龐雜，統治者無法遍覽，於是用編年的方式將歷史大事編成《通史》，上呈給英宗。英宗非常重視此書，於是在這一年正式下詔司馬光續編，並給予所有的支援，《資治通鑑》遂正式編纂。

**1084 年**

宋神宗熙寧年間，由於王安石得勢並推行變法，反對變法的司馬光於是離開京城，居住洛陽。居住洛陽的十餘年之間，司馬光不問政事，全心全力的編纂《資治通鑑》，終於在這一年完成，並由神宗命名為《資治通鑑》。右圖為河南洛陽新區博物館的司馬光著《資治通鑑》浮雕。

TOP PHOTO

**完成通鑑**

**逝世**

**元祐更化**

**1085 ～ 1086 年**

神宗逝世後哲宗即位，由高太皇太后掌政，並重新啟用司馬光主持國政。司馬光執政期間，將王安石變法全部廢除，史稱「元祐更化」。

**1086 年**

司馬光重回政壇主持「元祐更化」一年半之後，即病逝。

司馬光不僅被尊稱為「史學兩司馬」，同時又被
朱熹稱為「道學六先生」。

中國史書以司馬遷的《史記》，與司馬光的《資治通鑑》最
具代表。由於兩位著名的歷史學家都姓司馬，因此後人以「史
學兩司馬」尊稱。司馬遷的《史記》是紀傳體史書的代表，
司馬光的《資治通鑑》則是編年體史書的代表。

**史學**
**兩司馬**

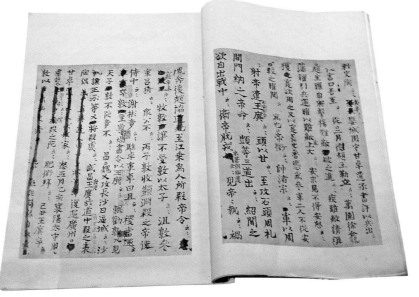

**相關的事物**

TOP PHOTO

**資治通鑑**

《資治通鑑》是司馬光主編的史書，藉由助手劉攽、劉恕、范祖禹、司馬康
等人的協助，歷時十九年而完成的編年體通史。內容記載了戰國至五代共千
餘年間有關政事、軍事、經濟的重要事情，是統治者治國的重要借鑑。上圖
為《資治通鑑》手稿影印本，中國國家博物館古代中國陳列展。

朱熹是南宋程朱理學的集大成人物，他曾將北宋濂學的代表周敦頤，洛學的代表程顥、程頤，關學的代表張載，與司馬光合稱為「道學六先生」，前五人又稱為「北宋五子」。

**道學六先生**

**水缸**

司馬光幼時曾與一群孩童遊玩，其中一位不慎掉入水缸，其他幼童都嚇跑了。獨有司馬光臨危不亂，抱起一塊石頭砸破水缸，讓小孩順著水流出而獲救。當時的人就將這件事情畫成〈小兒擊甕圖〉，在洛陽廣為流傳。

**訓儉示康**

〈訓儉示康〉這篇文章，是司馬光寫給兒子司馬康的家訓。司馬光認為儉樸是一種美德，文中列舉歷史上因為奢侈而導致身敗名裂，以及因節儉而得善終的人物，告戒司馬康要節儉不可奢侈。

**稽古錄**

《稽古錄》是司馬光編纂的著作，同時也是《資治通鑑》簡明讀本。《稽古錄》的內容還包含〈歷年圖〉、〈國朝百官公卿表大事記〉。書中用編年的方式，扼要的敍述每一年的歷史事件，尤其是有關國家的治亂興亡。

**元祐黨籍碑**

宋徽宗時由於蔡京執政，於是將元祐年間反對王安石變法的文彥博、蘇軾、黃庭堅、秦觀等三百餘人列為奸黨，並將姓名刻於石碑上頒布天下，史稱「元祐黨籍碑」。反對王安石最激烈的司馬光也名列其中。右圖為「元祐黨籍碑」石刻拓片，中國國家博物館古代中國陳列展。

# 司馬光出生在光州，但祖籍在山西省夏縣的涑水鄉。
# 他利用居住洛陽十五年的時間，全力編成《資治通鑑》。

TOP PHOTO

司馬光出生時，由於父親司馬池正擔任光州光山縣令，因此取名為「光」。光州即今河南省潢川縣，司馬光在此度過童年，而他出名的「司馬光破缸」的故事，也發生在此。現在潢川縣還保有司馬光故居。上圖為司馬光故居中的「讀書便佳」碑。

司馬光雖然出生在光州，但他的祖籍是在山西省夏縣的涑水鄉，因此當時的人又尊稱司馬光為涑水先生。涑水發源於山西省絳縣橫嶺關陳村峪，流經夏縣、運城，最後注入伍姓湖，為季節性的河流。

**光州**

**相關的地方**

**涑水**

**華州**

**并州**

司馬光中進士後，於華州擔任地方官職，華州即今河南鄭縣。治理華州期間，勤政愛民，頗得民心。後來經由樞密副使龐籍的推薦，進入京城擔任館閣校勘同知禮院的官職。

司馬光擔任館閣校勘同知禮院的官職沒多久後，便隨龐籍到了并州為官，擔任并州通判的官職。并州位在今日的山西。相傳禹將中國境內劃分為九州，并州即為九州之一。

宋神宗起用王安石變法，但司馬光竭力反對，常與王安石在神宗面前爭論變法的弊端。神宗為了安撫司馬光，於是命他擔任樞密副使，但司馬光堅辭不就，並自請離開京城，擔任端明殿學士一職，主管永興軍，永興軍即今陝西省西安。

永興軍

司馬溫公祠

溫縣

TOP PHOTO

司馬光逝世後，後代子孫在今山西省的夏縣建了司馬溫公祠，並將他葬於此，修建陵墓（上圖），用來祭祀司馬光。溫公祠裡有魚子碑與杏花碑二墓碑，魚子碑是紀念司馬光祖父司馬炫的墓碑，而杏花碑則是司馬光的墓碑。杏花碑碑文由蘇軾撰寫，因此非常珍貴。

司馬光的遠祖可以追溯到西晉獻王司馬孚，原籍屬於溫縣，即今河南沁陽。溫縣境內有三國時期軍事名臣司馬懿的故居，同時也盛產山藥、地黃、菊花、牛膝四種藥材，合稱「四大懷藥」，並以此享譽中外。

# 唐太宗

　　翻開司馬光書寫的《資治通鑑》，最初呈現在宋神宗面前的書名叫《歷代君臣事蹟》。宋神宗閱讀之後頗有所感，才更名《資治通鑑》。《資治通鑑》記載的歷史從戰國時代開始，一直到五代，約有一千三百六十二年。《資治通鑑》的意思是將古代帝王治國的過程，提供給當今君王作為治國的借鏡。

　　在歷朝歷代帝王之中，以初唐的唐太宗創造的「貞觀之治」堪稱是中國帝王統治史上最強盛的一個時期。唐太宗是如何做到的？就從他與臣子之間的對話開始，說明唐太宗的氣度與治國的睿智。

　　有一天，唐太宗和太子的老師蕭瑀聊天的時候，他談到他為什麼堅信「兼聽則明，偏信則暗」的道理。「皇上英明，多聽臣子的建議，思考就會敏銳，就能做出對國家有利的判斷；如果固執自己的想法，揀好聽的話聽，就容易做出可怕的判斷。」蕭瑀說。唐太宗笑笑的說：「沒錯！其實對這個道理的領悟，跟我珍藏的十幾把弓有關。」

　　於是，唐太宗說起自己珍藏名弓的過程：原來，唐太宗曾經花

朕少好弓矢，得良弓十數，自謂無以加，近以示弓工，乃曰「皆非良好」。朕問其故，工曰：「木心不直，則脈理皆邪，弓雖勁而發矢不直。」——《資治通鑑‧唐紀》

費了很長的時間，獲得幾十把珍貴的名弓。他時常拿出來把玩，有一天，他找了一名工匠檢驗這些名弓。工匠仔細鑑定之後，搖搖頭說：「這些都只是一般的弓而已！」唐太宗驚訝的說：「何以見得？」「這些弓的中心線都是歪的，弓的木質紋路是亂的，弓雖然很有勁，射出的箭也很有殺傷力，卻射不中靶心，要這些弓又有何用呢？」

唐太宗講完這個小故事之後，對蕭瑀感嘆的說：「天下的事情，我怎麼可能全部知道呢？我一定要多聽大臣的諫言，才不會做出不正確的判斷。」

唐太宗當上皇帝之後，他做的第一件事就是「採言納諫」。有一天，唐太宗在朝廷上對大臣們說：「我是皇帝，高高在上，根本看不清天下事情的細節，你們分布在全國各地，就要當我的眼睛和耳朵。我鼓勵大家對我提出規勸與建議。」

唐太宗的貞觀盛世就是這麼開始的。

玄齡明達政事，輔以文學，夙夜盡心，惟恐一物失所；用法寬平，聞人有善，若己有之，不以求備取人，不以己長格物。──《資治通鑑·唐紀》

　　為何賢臣良將都集中在唐太宗時期？那是因為他能知人善任，提拔人才。在眾多名臣之中，被唐太宗命為第一功臣，不是魏徵，而是房玄齡。

　　原來唐太宗李世民未稱帝前跟隨父親李淵自太原起兵，當他的軍隊經過渭水，有一位青年跑來毛遂自薦。李世民和他相談之後，十分驚訝。這青年竟然能將天下局勢分析得這麼清楚。兩人一見如故，李世民馬上任命他為軍記室參軍。這人就是為唐太宗開創貞觀盛世的第一功臣 ── 房玄齡。

　　房玄齡對於唐太宗交代的政事一定盡心盡力完成。初唐制定良好的制度都是來自房玄齡之筆。他聽說哪裡有賢能的人，一定在適當的時機推薦給唐太宗，從不擔心有人才華超越他。

　　房玄齡修改法律，廢除了許多惡法：在隋朝的時候，法律規定兄弟分開居住，如果兄弟中有一人當官，另一人得不到利益，但萬

一謀反，另一人卻要跟著處死。「這太不合理了！一定要修改。」房玄齡拿起筆來，將法律改掉：無論是祖先或是兄弟，凡是因罪連坐有所牽連者，判處流放邊疆，不用處死。他將許多不合理的法律，重新整理修改，再由唐太宗頒布新法。由於房玄齡的修法之故，天下死刑減去一半以上。

　　唐太宗對房玄齡十分信任，對自己能用到這樣的人才感到十分幸運。當唐太宗親自領軍到遼東打仗的時候，他寫了一封手詔給房玄齡：「你就像漢朝的蕭何一樣，有你幫我鎮守京城，我便能無後顧之憂的專心去打仗。」

　　後來，房玄齡病得很嚴重，卻仍然堅持上早朝。他讓人用擔架抬著走，快要到唐太宗面前時，才一步一步吃力的走下來。唐太宗看到他老態龍鍾，曾經一起打天下的功臣，今日老邁多病，這讓他十分不捨，不由得流下淚來。房玄齡也默默流淚，心中感慨萬千。

　　自古以來，很少有皇帝如此關懷臣子，唐太宗在朝廷上因不捨房玄齡而流淚，可說是自古以來皇帝的第一位。能有這樣的胸襟，難怪他的大臣都願意竭盡心力報效國家。

# 魏徵

　　李世民當上太子之後，他把秦王府裡的功臣都授以重要的官職。他求才若渴，忽然想起前太子李建成府中有一個很厲害的人 —— 魏徵。

　　隋朝末年，魏徵跟隨李密舉兵，他曾經獻上十個作戰的策略，建議李密如何用兵。可惜李密沒有聽從魏徵的計謀，敗給了李世民。李建成知道魏徵很有才華，請他在太子府裡擔任官職。「玄武門事變」之後，魏徵被抓到秦王府。李世民雖然想要重用魏徵，但仍有些氣他。李世民冷冷的看著跪在地上的魏徵說：「你為什麼要挑撥我們兄弟之間的感情，製造事端？今天發生這件事，都要怪你。」「當初太子若聽從我的計謀，今天就不會有殺身之禍。」魏徵沒有畏縮求饒，反而抬頭挺胸的說：「我早跟他說先動手殺掉你了，他就是不聽我的話，才會落得今天的下場。」魏徵講這麼瘋狂的話時，

兼聽則明，偏信則暗。是故人君兼聽廣納，則貴臣不
得擁蔽，而下情得以上通也。上曰：「善！」

——《資治通鑑·唐紀》

旁邊的官員聽得目瞪口呆，心想魏徵死定了。沒想到李世民沒有殺
魏徵，反而嘉許他，請他擔任詹事主簿。

　　李世民當上皇帝之後，有一天問魏徵：「歷朝歷代的皇帝，為
何有明君？為何有昏君？」魏徵說：「皇帝只要廣聽大臣的建議，
只要是對的事，縱使違背自己的意思，都能採納執行，這就會成為
明君。如果偏信某一個臣子的花言巧語，只為順從自己的意思而害
了國家，那就是昏君。」魏徵舉了堯舜的例子給唐太宗聽，所以堯
舜是明君；魏徵也以秦朝、隋朝為什麼會滅亡？認為秦二世只聽信
宦官趙高的話，隋煬帝只聽信虞世基的話，導致發生了彭城閣之變。
「皇帝能多聽臣子不同的聲音，願意接納聽了讓人很不舒服的話，
這樣大臣就敢講話，大大小小的事情皇帝也就能掌握了。」魏徵說。
唐太宗點點頭稱讚：「我懂了！」

文武官復請封禪，上曰：「卿輩皆以封禪為帝王盛事，朕意不然。若天下又安，家給人足，雖不封禪，庸何傷乎！」群臣猶請之不已，上亦欲從之，魏徵獨以為不可。 ——《資治通鑑·唐紀》

魏徵是唐太宗時代最會進諫的大臣，他當面講皇上的不對，講到唐太宗都有一點怕他。有一次，唐太宗想要去打獵，他傳旨下去，要宮裡的人將馬匹和獵犬準備好。他自己換好打獵的衣服將要出發。不知為何，這件事情被魏徵知道了。他匆匆忙忙趕到皇宮門口，想等唐太宗出來的時候，當面阻止他。魏徵在皇宮外耐心等候。他等了很久，就是不見唐太宗出來。魏徵覺得奇怪，乾脆衝入宮中一探究竟。魏徵發現唐太宗氣定神閒坐在龍椅上，不像是要出門打獵，卻又穿著獵裝。他忍不住問：「皇上不是要到南山打獵，怎麼還沒出發？」唐

太宗看了一眼魏徵冷冷的説：「我本來是要出發了，但聽説你來了。我怕被你嘮叨個不停，乾脆不去了。」魏徵聽了很感動。自古以來，很少有皇帝如此敬畏臣子，他歡喜的拜謝之後離去。

貞觀六年，天下太平，國家富足，人民安居樂業。有一天，群臣請求唐太宗「封禪」。所謂「封禪」，指的是皇帝到泰山向上天稟告自己的豐功偉業。唐太宗起先不願意，認為天下安定，人民富足，這本來就是皇帝應該做的事，何必跟上天稟告呢？但在朝臣跪求之下，唐太宗心動了，決定要「封禪」。沒想到魏徵極力反對。唐太宗很不高興的説：「難道我沒有資格嗎？」「皇上，您絕對有資格封禪。」「那你為何反對？」「封禪要花費很多錢。天下才剛太平，但國家還不夠強大。隋朝滅亡的警惕不遠，封禪只是虛名，況且有些地方鬧水災，人民生活痛苦。皇上千萬不要為虛名，做出勞民傷財的事情。」魏徵説。唐太宗聽完魏徵的報告之後，覺得很有道理，決定暫時不封禪了。

魏徵了不起的地方，在於雖然群臣都贊同，但他認為不對的事，仍然敢表達反對的意見，這讓唐太宗非常讚賞。

# 李靖

　　突厥的頡利可汗時常率領突厥兵進犯邊境。可汗是西域民族對自己首領的尊稱。朝廷大臣紛紛奏請唐太宗，發動民工修築秦朝遺留下來的古長城，以阻止突厥的侵犯。唐太宗說：「突厥的侵犯，對大唐而言的確是災難。頡利可汗不以德治理國家，卻時常發動戰爭，讓自己的國家陷入危險。我看頡利可汗早晚要滅亡。我決定發兵掃蕩突厥的侵擾，不需要修築長城。」於是，唐太宗派遣兵部尚書李靖率兵出擊。

　　唐太宗會這麼看重李靖，並且積極的想攻打突厥，其實是有一番淵源。唐高祖在位時，頡利可汗曾突然帶領大軍，一路攻到長安附近。當時長安兵力薄弱，不是突厥的對手。李世民找來李靖商量對策。

　　「長安兵力只有幾萬人，出兵勝算不大。」李靖說。

　　「出兵勝算不大？難道要坐以待斃？」李世民焦急的說。

　　「唯有智取，才能化解危機。」

突厥災異相仍，頡利不懼而脩德，暴虐滋甚，骨肉相攻，亡在朝夕。朕方為公掃清沙漠，安用勞民遠脩障塞乎！ ──《資治通鑑‧唐紀》

　　後來，靠著李世民的機智和李靖的計謀，成功挑撥了頡利可汗和突利可汗彼此間的矛盾，才不損一兵一卒讓突厥退兵。李世民不忘這次在渭水的恥辱，一心一意想要報仇。

　　這次貞觀三年，突厥內亂，唐太宗命李靖討伐。李靖大膽用兵，率領三千騎兵，突然攻入突厥在惡陽嶺的根據地，頡利可汗萬萬沒料到唐軍會來突襲，嚇得趕緊逃走。頡利可汗說：「是不是唐朝軍隊全部出動了，不然，李靖怎敢帶領三千人馬衝到我這裡來？」

　　隔年，李靖在定襄再度大破突厥，頡利可汗狼狽逃到鐵山。他特別派遣使節到長安謝罪，尋求和平。唐太宗對這場勝利十分得意：「李靖啊！漢武帝時代，李陵率領五千人大破匈奴，史書就大大讚揚。你只率領三千騎兵就收復了定襄，你比李陵更了不起。你已報了當年我們在渭水的仇了。」

頡利疏其族類，親委諸胡、胡人反覆，大軍一臨，必生內變。上以頡利可汗既請和親，復援梁師都丁亥，命兵部尚書李靖為行軍總管討之。 ——《資治通鑑·唐紀》

　　頡利可汗雖然派遣使節投降，內心卻是想找機會再來侵犯。李靖早就看穿頡利可汗的心機。若要永遠解除外患，就必須給突厥致命一擊。

　　唐太宗派遣鴻盧卿唐儉前往突厥接受投降。李靖對副將張公謹說：「皇上派遣特使受降，頡利可汗一定會鬆懈戒備，我們率領一萬精兵去突襲。」「這怎麼可以？皇帝答應頡利可汗投降，我們怎麼可以去攻打他呢？」「用兵講求時機，現在最好的機會來了，如果錯過就沒有了。頡利可汗又不是真心投降，將來還是會帶兵進犯，不如趁這一次攻擊，徹底消滅他們。」李靖

率軍前進，迅速越過陰山，逼近到突厥帳棚外十五里時，頡利可汗才發現唐朝大軍來襲。當他感到事情不妙時，已經來不及了。

李靖的大軍斬殺數萬突厥兵，俘虜男女十幾萬人，殺掉頡利可汗妻子 —— 隋朝的義成公主，抓走可汗兒子疊羅施。頡利可汗趁亂再度逃走，他想要投靠吐谷渾，半途被唐軍西道行軍總管張寶相逮到。頡利可汗害怕李靖又帶兵來攻打他，乾脆率領軍隊請求投降。唐軍徹底消滅突厥，解決突厥十幾年來對唐朝邊境的侵擾。

唐朝的聲威遠播，西域各族可汗紛紛來到長安求見，並請求唐太宗作為「天可汗」。天可汗是首領中的首領，是至高無上的尊稱。唐太宗非常高興：「我是大唐天子，難道還要行使天可汗的權責嗎？」各族可汗聽了趕緊跪在地上呼喊：「萬歲！萬歲！萬萬歲！」

李靖的功勞非常大，唐太宗非常尊敬他，私底下稱他為「兄」。李靖有點跛腳，還特別賜他一支靈壽杖。

貞觀十八年，當李靖過世之時，唐太宗封他為「衛國公」。

# 長孫皇后

　　長孫皇后是大臣長孫無忌的妹妹，嫁給唐太宗成為皇后之後，常能扮演好自己的角色。在歷史上，長孫皇后是一位賢明的皇后。

　　長孫皇后從來不會亂出主意給唐太宗，干涉他處理國家的大事；唐太宗詢問長孫皇后對國家大事的意見時，她也總是能巧妙的閃避；唐太宗對於大臣有意見時，長孫皇后也會在最適當的時機，很有智慧的化解君臣之間的嫌隙。

　　長樂公主是長孫皇后親生的女兒。唐太宗眾多的兒女之中，他特別喜歡這個女兒。有一天，長樂公主要出嫁了。唐太宗下旨給公主出嫁的珠寶、飾品、絲綢等財物要比永嘉公主多兩倍。這件事情魏徵知道之後，進宮進諫：「永嘉公主是大公主，長樂公主出嫁的嫁妝怎麼可以比大公主多呢？」魏徵還舉漢明帝想封皇子的事來阻

妾亟聞陛下稱重魏徵，不知其故，今觀其引禮義以抑人主之情，乃知真社稷之臣也！ ──《資治通鑑·唐紀》

止。唐太宗很不高興，他將這件事情告訴長孫皇后：「這個魏徵竟敢管起我的家務事來！」「我常常聽到皇上提到魏徵，說魏徵真是一位可以賦予重任的大臣，但我從不知道為什麼？現在我終於明白了。」長孫皇后說。「哦！妳說說看。」唐太宗很想聽聽皇后的意見。「魏徵引用歷史上禮義的典故，阻止皇上想怎麼做就怎麼做的性情，魏徵果然是國家真正的重臣啊！」「皇上，我與你結髮為夫妻之後，每天親密的生活在一起，我隨時觀察你的臉色，隨時注意自己的行為，甚至連講話都要很注意，害怕不小心冒犯了皇上。」 長孫皇后繼續說：「那些臣子，不像我們這樣親密，他卻甘願冒犯皇上，冒著殺頭的危險，也要將真正的道理說出來。魏徵敢違背皇上的意思進行諫言，他真是一位勇敢的忠臣啊！」

上嘗罷朝，怒曰：「會須殺此田舍翁。」后問為誰，上曰：「魏徵每廷辱我。」后退，具朝服立于庭，上驚問其故。后曰：「妾聞主明臣直，今魏徵直，由陛下之明故也，妾敢不賀！」上乃悅。——《資治通鑑·唐紀》

　　有一天，唐太宗怒氣沖沖的從朝廷回後宮。早朝剛剛結束，見到皇上這麼生氣，長孫皇后心想，今天一定有什麼事情發生了。唐太宗換下龍袍氣呼呼的念念有詞：「有一天，我一定要殺了這個鄉巴佬。有一天，我一定要殺了這個鄉巴佬。」長孫皇后上前安慰唐太宗：「皇上，怎麼回事？為何這麼生氣？」「怎麼回事？」唐太宗幾乎吼出來：「那可惡的鄉巴佬總有一天，我一定要殺了他。」「鄉巴佬是誰啊？」「還會有誰？當然是魏徵。」唐太宗瞪一眼長孫皇后：「朝廷上，他常很沒禮貌的對我講話，所講的事情，若我不採納，他就幾乎要與我爭辯起來。這鄉巴佬也不搞清楚誰是皇上，這樣羞辱我，我一定要殺了他。」

　　長孫皇后聽完唐太宗的氣話之後，她嚇一大跳，但沒有回答，

只是默默的離開。過了一會兒，長孫皇后換上只有在國家大典才會穿的朝服，緩緩走出來。唐太宗驚訝的說：「皇后，妳為什麼要穿朝服？」長孫皇后向唐太宗行完大禮之後，她說：「我聽說從古到今，只有英明睿智的皇帝，才會有敢於講真話的忠臣。」「那又怎樣？」「所以，我要為大唐恭賀，為皇上恭賀。」「我氣得要命，有什麼好恭賀的？」「我大唐有像魏徵這樣勇於直言的忠臣，就表示皇帝很英明。」長孫皇后又行了一個大禮：「皇上正是這樣聖明的君主，我為大唐感到幸運，所以我要恭賀大唐，恭賀皇上。」

　　唐太宗聽完之後，覺得很有道理。他的態度整個轉變，露出微笑，也就不再生氣了。長孫皇后是一位賢明的皇后，她既安慰了唐太宗，顧及皇帝的尊嚴，同時也轉化了君臣之間的衝突。

# 當資治通鑑的朋友

　　想知道周朝以來到五代時期每一年發生的歷史大事嗎？那就一定要認識這本史書 ——《資治通鑑》。

　　自從司馬遷寫成《史記》後，為中國的史書奠下寫作的體例範本，之後的史學家幾乎都採用紀傳體 —— 也就是以人物為主，將人物的一生，融合當時的歷史事件為人物作傳。而且之後都以專一朝代為史書編寫的範圍，也就是斷代史。但是到了北宋時期，另一名偉大的史學家 —— 司馬光，突破了這樣的侷限。

　　司馬光從小就非常喜歡讀史書，也對歷史很有研究。他希望能藉由史書的撰寫，來表達自己對政治的理想與政策優劣的評論。剛好當時北宋的英宗皇帝十分喜好閱讀古卷，在看了司馬光先寫好有關周朝與秦朝的史卷之後，他非常滿意，就鼓勵司馬光繼續書寫《資治通鑑》。

　　司馬光果然沒有辜負皇帝的期待，融合了自己的觀點與所收集的資料，按照各個朝代、各個皇帝執政的年份，一一將歷史事件整理編寫。因此可以讓後世的皇帝清楚的看到每個朝代、每個皇帝的施政措施與轉變。也藉此更加明白，每個朝代的開始與結束、哪些皇帝優良或錯誤的決策，兩者之間的因果關係，而讓後世的皇帝有所警惕。例如從唐太宗的貞觀之治，我們就可以理解一個明君成功的種種元素。

　　因此《資治通鑑》可說是皇帝的教科書。雖然現在已經沒有皇帝，但是和《資治通鑑》當朋友，不僅可以很清楚的看見中國改朝換代的歷史軌跡，更重要的是，其中蘊含了許多做人處世、用人管理的歷史實例。《資治通鑑》也可說是親近認識這些古代帝王的入門寶典！

# 我是大導演

看完了資治通鑑的故事之後，
現在換你當導演。
請利用紅圈裡面的主題（盛世），
參考白圈裡的例子（例如：治理），
發揮你的聯想力，
在剩下的三個白圈中填入相關的詞語，
並利用這些詞語畫出一幅圖。

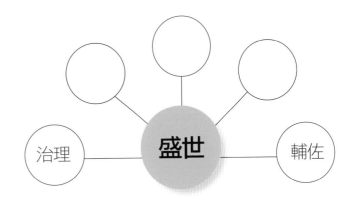

◎ 少年是人生開始的階段。因此，少年也是人生最適合閱讀經典的時候。

因為，這個時候讀經典，可以為將來的人生旅程準備豐厚的資糧。

因為，這個時候讀經典，可以用輕鬆的心情探索其中壯麗的天地。

◎ 【經典少年遊】，每一種書，都包括兩個部分：「繪本」和「讀本」。

繪本在前，是感性的、圖像的，透過動人的故事，來描述這本經典最核心的精神。

小學低年級的孩子，自己就可以閱讀。

讀本在後，是理性的、文字的，透過對原典的分析與說明，讓讀者掌握這本經典最珍貴的知識。

小學生可以自己閱讀，或者，也適合由家長陪讀，提供輔助說明。

### 001 左傳　春秋時代的歷史
The Chronicle of Tso: The History of the Spring and Autumn Period

故事／林安德　原典解說／林安德　繪圖／柳俏

三公交會，引發了什麼樣的政治危機？兩個謀士互相鬥智，又造就了一段什麼樣的歷史故事？那是一個相互兼併與征伐的時代，同時也是個言謀士輩出的時代。那些鬥爭與辯論，全都刻畫在《左傳》中。

### 002 史記　史家的絕唱
Records of the Grand Historian: The Pinnacle of Chinese Historiography

故事／林怡君　原典解說／林怡君　繪圖／袁靜

李廣「飛將軍」面對匈奴大軍毫無懼色，為漢朝立下許多戰功，卻未能獲得相稱的爵位，最後抱憾而終。從黃帝到漢武帝，不論是帝王將相、商賈名流，貫穿三千多年的歷史，《史記》成為千古傳頌的史家絕唱。

### 003 漢書　中原與四方的交流
Book of Han: Han Dynasty and its Neighbors

故事／王宇清　原典解說／王宇清　繪圖／李遠聰

張騫出使西域，不僅為漢朝捎來了塞外的消息，也傳遞了彼此的物產與文化，開拓一條史無前例的通道，成就一趟偉大的冒險。他的西域見聞，都記錄在《漢書》中，讓大家看見了草原與大漠，竟然是如此豐富美麗！

### 004 列女傳　儒家女性的代表
Kao-tsu of Han: The First Peasant Emperor

故事／林怡君　故事／林怡君　繪圖／楊小婷

她以身作則教孩子懂得禮法，這位偉大的母親就是魯季敬姜。不僅連孔子都多次讚譽她的美德，《列女傳》更記錄下她美好的德行，供後世永久流傳。《列女傳》收集了中國歷代名女人的故事，呈現不同的女性風範。

### 005 後漢書　由盛轉衰的東漢
Book of Later Han: The Rise and Fall of Eastern Han

故事／王蕙瑄　原典解說／王蕙瑄　繪圖／李莎莎

《後漢書》記錄了東漢衰敗的過程：年幼的皇帝即位，而外戚掌握實權。等到皇帝長大了，便聯合身邊最信任的宦官，奪回權力。漢桓帝不相信身邊的大臣，卻事事聽從甜言蜜語的宦官，造成了嚴重的「黨錮之禍」。

### 006 三國志　三分天下始末
Record of the Three Kingdoms: The Beginning of the Three Kingdoms Period

故事／子魚　原典解說／子魚　繪圖／Summer

曹操崛起，一統天下的野心，卻在赤壁遭受挫折，僅能雄霸北方，留下三國鼎立的遺憾。江山流轉，近百年的分裂也終將結束，西晉一統三國，三國的分合，盡在《三國志》。

### 007 新五代史　享樂亂政的五代
New History of the Five Dynasties: The Age of Chaos and Extravagance

故事／呂淑敏　原典解說／呂淑敏　繪圖／王韶薇

李存勗驍勇善戰，建立後唐，史稱後唐莊宗。只是他上任後就完全懈怠，和伶官一起唱戲作曲，過著逍遙生活。看歐陽修在《新五代史》中，如何重現後唐莊宗從勤奮到荒唐的過程。

### 008 資治通鑑　帝王的教科書
Comprehensive Mirror for Aid in Government: The Guidance for Emperors

故事／子魚　原典解說／子魚　繪圖／傅馨逸

唐太宗開啟了唐朝的黃金時期。從玄武門之變到貞觀之治，這條君王之路，悉數收錄在《資治通鑑》中。翻開《資治通鑑》，各朝各代的明君賢臣、良政苛政，皆蒐羅其中，成為帝王治世不可不讀的教科書。

◎ 【經典少年遊】，我們先出版一百種中國經典，共分八個主題系列：
詩詞曲、思想與哲學、小說與故事、人物傳記、歷史、探險與地理、生活與素養、科技。
每一個主題系列，都按時間順序來選擇代表性的經典書種。

◎ 每一個主題系列，我們都邀請相關的專家學者擔任編輯顧問，提供從選題到內容的建議與指導。
我們希望：孩子讀完一個系列，可以掌握這個主題的完整體系。讀完八個不同主題的系列，
可以不但對中國文化有多面向的認識，更可以體會跨界閱讀的樂趣，享受知識跨界激盪的樂趣。

◎ 如果說，歷史累積下來的經典形成了壯麗的山河，那麼【經典少年遊】就是希望我們每個人
都趁著年少，探索四面八方，拓展眼界，體會山河之美，建構自己的知識體系。
少年需要遊經典。
經典需要少年遊。

### 009 蒙古秘史　統一蒙古的成吉思汗
The Secret History of the Mongols: The Emergence of Genghis Khan
故事／姜子安　原典解說／姜子安　繪圖／李菁菁
北方的草原，一望無際，游牧民族在這裡停留又離去。成吉思汗在這裡
出生成長，統一各部族，開創蒙古帝國。《蒙古秘史》說出了成吉思汗
的一生，也讓我們看到了這片草原上的故事。

### 010 臺灣通史　開闢臺灣的先民足跡
A General History of Taiwan: Footprints of the First Pioneers
故事／趙予彤　原典解說／趙予彤　繪圖／周庭萱
《臺灣通史》，記錄了原住民狩獵山林，還有荷蘭人傳教通商，當然還
有漢人開荒闢地的故事。鄭成功在臺灣建立堡壘，作為根據地。雖然他
反清復明的心願無法實現，卻讓許多人在這裡創造屬於自己家園。

經典
少年遊

youth.classicsnow.net

008
資治通鑑　帝王的教科書
Comprehensive Mirror for Aid in Government
The Guidance for Emperors

編輯顧問（姓名筆劃序）
王安憶　王汎森　江曉原　李歐梵　郝譽翔　陳平原
張隆溪　張臨生　葉嘉瑩　葛兆光　葛劍雄　鄭培凱

故事：子魚
原典解說：子魚
繪圖：傅馨逸
人時事地：林保全

編輯：張瑜珊 張瓊文 鄧芳喬
美術設計：張士勇
美術編輯：顏一立
校對：陳佩伶

企畫：網路與書股份有限公司
出版者：大塊文化出版股份有限公司
台北市10550南京東路四段25號11樓
www.locuspublishing.com
讀者服務專線：0800-006689
TEL：+886-2-87123898
FAX：+886-2-87123897
郵撥帳號：18955675
戶名：大塊文化出版股份有限公司
法律顧問：全理法律事務所董安丹律師

總經銷：大和書報圖書股份有限公司
地址：新北市新莊區五工五路2號
TEL：+886-2-8990-2588
FAX：+886-2-2290-1658
製版：沈氏藝術印刷股份有限公司

初版一刷：2013年5月
定價：新台幣299元